Robotica e meccatronica

Integrazione di elettronica e intelligenza artificiale

Ollie Hale Mack

Sommario

Introduzione.. 3
Capitolo 1..**9**
   Fondamenti della meccatronica....................... 9
Capitolo 2..**17**
   Software e sistemi di controllo........................ 17
Capitolo 3..**27**
   Intelligenza artificiale nella robotica................ 27
Capitolo 4..**35**
   Progettare l'architettura della robotica............ 35
Capitolo 5..**45**
   Interazione ed etica uomo-robot..................... 45
Capitolo 6..**55**
   Robotica nelle applicazioni industriali............. 55
Capitolo 7..**65**
   Robotica in sanità e tecnologie assistive........ 65
Capitolo 8..**75**
   Sistemi autonomi e intelligenti.......................75
Capitolo 9..**85**
   Tendenze emergenti nella robotica e nella meccatronica...85
Capitolo 10..**97**
   Casi di studio pratici.. 97
Conclusione.. **109**

Introduzione

Robotica e meccatronica: integrazione di elettronica e intelligenza artificiale

La rapida evoluzione della tecnologia ha trasformato il mondo in modi un tempo ritenuti inimmaginabili. Tra i campi più dinamici e di impatto che guidano questa trasformazione ci sono la robotica e la meccatronica, ambiti interdisciplinari che combinano ingegneria meccanica, elettronica, informatica e intelligenza artificiale (AI). Questi campi non stanno solo plasmando le industrie, ma stanno anche ridefinendo l'interazione umana con la tecnologia. Questo libro, Robotica e meccatronica: integrazione di elettronica e intelligenza artificiale, funge da guida completa per comprendere, progettare e innovare in queste aree all'avanguardia.

Il significato della robotica e della meccatronica

Fondamentalmente, la robotica e la meccatronica implicano la perfetta integrazione di hardware e software per creare sistemi in grado di eseguire compiti complessi in modo autonomo o con un intervento umano minimo. Dai bracci robotici che assemblano automobili nelle fabbriche, ai droni che consegnano pacchi e ai robot medici guidati dall'intelligenza artificiale che assistono negli interventi chirurgici, queste tecnologie stanno rivoluzionando le industrie e migliorando le capacità umane.

Tuttavia, il vero potere della robotica e della meccatronica risiede nella loro natura interdisciplinare. Combinando principi di sistemi meccanici, elettronici e intelligenza artificiale, questi campi consentono la creazione di sistemi intelligenti in grado di adattarsi ad ambienti dinamici, apprendere dai dati e prendere decisioni in tempo reale.

Scopo e ambito di questo libro

Questo libro è progettato per colmare il divario tra teoria e applicazione. Si rivolge a un pubblico diversificato, tra cui studenti, ingegneri, ricercatori e professionisti che cercano di approfondire la propria comprensione della robotica e della meccatronica. Il contenuto è strutturato per fornire:

Una solida base nei principi della meccatronica e della robotica.

Approfondimenti su concetti avanzati come l'integrazione dell'intelligenza artificiale, i sistemi di controllo in tempo reale e la progettazione ad alta efficienza energetica.

Guida pratica attraverso casi di studio e applicazioni nel mondo reale.

Una prospettiva lungimirante sulle tendenze, le sfide e le opportunità emergenti.

Che tu sia un principiante che sta muovendo i primi passi nel campo della robotica o un ingegnere esperto che cerca di esplorare gli ultimi progressi, questo libro offre preziose conoscenze e ispirazione.

Temi chiave e approccio

Il libro è diviso in una progressione logica di argomenti:
1. Concetti fondamentali, inclusi sistemi meccanici, elettronica e integrazione software.
2. Il ruolo dell'intelligenza artificiale nel potenziamento delle capacità robotiche.
3. Strategie pratiche di progettazione e implementazione di robotica e sistemi meccatronici.

4. Applicazioni nell'automazione industriale, nella sanità, nei veicoli autonomi e altro ancora.

5. Tendenze future, evidenziando la convergenza della robotica con tecnologie emergenti come l'informatica quantistica e l'Internet delle cose (IoT).

Ogni capitolo è progettato per bilanciare approfondimenti teorici con applicazioni pratiche. I concetti tecnici sono spiegati con chiarezza, supportati da diagrammi, algoritmi ed esempi. Inoltre, i casi di studio forniscono prospettive pratiche su come queste tecnologie stanno trasformando le industrie.

L'importanza dello sviluppo etico e sostenibile

Con il continuo progresso della robotica e della meccatronica, le considerazioni etiche e sostenibili diventano fondamentali. Le domande sulle implicazioni dell'automazione, sull'uso responsabile dell'intelligenza artificiale e sull'impatto ambientale dei sistemi robotici sono fondamentali. Questo libro affronta queste sfide, incoraggiando i lettori a innovare in modo responsabile comprendendo al contempo il contesto sociale più ampio.

Una visione per il futuro

Il viaggio della robotica e della meccatronica è lungi dall'essere finito. Siamo all'apice di un'innovazione senza precedenti, con tecnologie come le reti neurali, l'integrazione delle energie rinnovabili e progetti bio-ispirati che aprono la strada alla prossima generazione di sistemi intelligenti. Questo libro mira a preparare i lettori non solo a navigare nel panorama attuale, ma anche a immaginare e contribuire al futuro di questi campi di trasformazione.

Esplorando l'intersezione tra elettronica, intelligenza artificiale e meccatronica, Robotica e meccatronica: integrazione di elettronica e intelligenza artificiale ti invita a intraprendere un viaggio di scoperta, creatività e innovazione. Che si tratti di costruire un semplice braccio robotico o di progettare sistemi autonomi guidati dall'intelligenza artificiale, le conoscenze contenute in queste pagine ti forniranno gli strumenti per modellare il futuro.

Capitolo 1

Fondamenti della meccatronica

La meccatronica è il campo interdisciplinare che combina ingegneria meccanica, elettronica e sistemi di controllo in un quadro coeso per creare sistemi automatizzati avanzati. L'integrazione di questi elementi consente lo sviluppo di macchine intelligenti in grado di svolgere compiti complessi con precisione e affidabilità. Comprendere i fondamenti della meccatronica è essenziale per progettare sistemi che funzionino perfettamente nei settori meccanico ed elettronico.

Principi fondamentali dell'integrazione

Al centro della meccatronica c'è il principio della sinergia. Ciò comporta la combinazione di più discipline per creare un sistema la cui funzionalità supera la somma delle sue parti.

L'obiettivo è ottenere un'interazione perfetta tra componenti meccanici, circuiti elettronici e sistemi computazionali.

I principi chiave includono:

1. Progettazione a livello di sistema: la meccatronica dà priorità al sistema nel suo insieme piuttosto che concentrarsi sui singoli componenti. Ogni sottosistema è ottimizzato per garantire efficienza, affidabilità e prestazioni complessive.

2. Controllo del feedback: i meccanismi di feedback consentono ai sistemi di adattare il proprio comportamento in risposta ai cambiamenti nell'ambiente, garantendo precisione e stabilità.

3. Collaborazione interdisciplinare: un'integrazione efficace richiede la collaborazione tra ingegneri dei settori meccanico, elettrico e informatico per

affrontare le sfide di progettazione in modo coeso.

4. Adattabilità: i sistemi meccatronici sono progettati per adattarsi ai cambiamenti degli input o delle condizioni operative attraverso software riprogrammabili o componenti hardware regolabili.

Questi principi costituiscono la base per la progettazione di sistemi in grado di funzionare in modo dinamico e preciso in una varietà di applicazioni.

Sistemi Meccanici: Cinematica e Attuatori

I sistemi meccanici forniscono la struttura fisica e la capacità di movimento dei dispositivi meccatronici. Includono la struttura cinematica e gli attuatori che generano il movimento.

Cinematica

La cinematica prevede lo studio del movimento senza considerare le forze che lo causano. Costituisce la base per la progettazione di meccanismi quali bracci robotici, sistemi di trasporto e collegamenti. Gli aspetti chiave includono:

Gradi di libertà (DOF): il numero di movimenti indipendenti che un sistema meccanico può eseguire. Ad esempio, un braccio robotico può avere sei DOF, permettendogli di muoversi nello spazio tridimensionale.

Collegamenti e giunti: i sistemi meccanici sono costituiti da componenti interconnessi che trasmettono il movimento. Questi includono giunti rotanti (movimento rotatorio) e giunti prismatici (movimento lineare).

Pianificazione della traiettoria: progettazione di percorsi di movimento per raggiungere compiti specifici riducendo al minimo gli errori e garantendo l'efficienza.

Attuatori

Gli attuatori convertono l'energia in movimento meccanico, consentendo ai sistemi di eseguire attività. I tipi comuni di attuatori includono:

Motori elettrici: ampiamente utilizzati per la loro precisione e controllabilità. Questi includono motori DC, motori passo-passo e servomotori.

Attuatori idraulici: utilizzano la pressione del fluido per generare movimenti ad alta forza, adatti per applicazioni pesanti.

Attuatori pneumatici: utilizzano aria compressa per il movimento, spesso utilizzata in applicazioni veloci e leggere.

Attuatori piezoelettrici: sfrutta l'effetto piezoelettrico per creare movimenti precisi e su piccola scala, ideali per la micromeccatronica.

La scelta degli attuatori dipende da fattori quali requisiti di carico, velocità, precisione e condizioni ambientali.

Sistemi elettronici: sensori e microcontrollori

I sistemi elettronici costituiscono il sistema nervoso di un dispositivo meccatronico, raccolgono dati dall'ambiente e controllano i componenti meccanici.

Sensori
I sensori rilevano i fenomeni fisici e li convertono in segnali elettrici per l'elaborazione. Consentono ai sistemi di percepire il loro ambiente e prendere decisioni informate. I tipi comuni di sensori includono:

Sensori di prossimità: rilevano la presenza di oggetti senza contatto fisico, spesso utilizzati nei sistemi di automazione e sicurezza.

Sensori di temperatura: misurano le variazioni termiche, fondamentali per mantenere la stabilità del sistema in varie applicazioni.

Sensori di pressione: monitorano la pressione del fluido o dell'aria, essenziali nei sistemi idraulici e pneumatici.

Sensori ottici: utilizzano la luce per rilevare la posizione, la distanza o le caratteristiche dell'oggetto, ampiamente utilizzati nella robotica.

L'integrazione dei sensori migliora la precisione e la reattività del sistema.

Microcontrollori

I microcontrollori fungono da cervello di un sistema meccatronico, elaborando i dati dei sensori ed eseguendo algoritmi di controllo. Sono programmabili, compatti ed economici, il che li rende ideali per le applicazioni embedded. Le caratteristiche principali includono:

Unità di elaborazione: eseguono istruzioni per il controllo degli attuatori e degli ingressi di elaborazione.

Interfacce di ingresso/uscita: collega sensori e attuatori al microcontrollore.

Protocolli di comunicazione: abilita l'interazione con dispositivi esterni utilizzando protocolli come UART, SPI o I2C.

La scelta di un microcontrollore dipende dai requisiti di potenza di elaborazione, memoria e connettività.

Conclusione

Comprendendo gli elementi fondamentali della meccatronica, inclusi i principi di integrazione, componenti meccanici e sistemi elettronici, gli ingegneri possono progettare soluzioni efficienti e affidabili per un'ampia gamma di applicazioni. Questa fondazione pone le basi per un'ulteriore esplorazione di argomenti avanzati come i sistemi di controllo, l'intelligenza artificiale e le tecnologie autonome.

Capitolo 2

Software e sistemi di controllo

Il software e i sistemi di controllo costituiscono la spina dorsale operativa della meccatronica e della robotica. Consentono ai dispositivi di elaborare input, prendere decisioni ed eseguire attività con precisione. Questo capitolo si concentra sui principi di programmazione, sui sistemi integrati e sulle strategie di controllo che sono fondamentali per lo sviluppo di sistemi intelligenti e reattivi.

Nozioni di base sulla programmazione per la robotica

La programmazione consente agli ingegneri di definire il comportamento dei sistemi robotici. Implica la creazione di algoritmi che elaborano gli input dei sensori, calcolano le azioni necessarie e controllano gli attuatori.

Linguaggi di programmazione
La programmazione della robotica si basa su linguaggi adatti all'interazione hardware, alla logica di controllo e alle attività computazionali. Le lingue chiave includono:

C e C++: ampiamente utilizzati per i sistemi embedded grazie alla loro efficienza e all'accesso hardware di basso livello.

Python: popolare per la sua semplicità e le ampie librerie per la robotica e l'apprendimento automatico.

MATLAB: utilizzato frequentemente per simulazioni e implementazione di algoritmi di controllo.

Java: preferito per le applicazioni che richiedono portabilità e funzionalità multi-threading.

Concetti di base

La programmazione della robotica richiede la comprensione di diversi concetti fondamentali:

Variabili e tipi di dati: utilizzati per archiviare e manipolare informazioni come letture di sensori e comandi del motore.

Strutture di controllo: flussi logici come cicli (for, while) e condizionali (if-else) guidano il processo decisionale.

Funzioni: blocchi di codice modulari che migliorano la leggibilità e la riusabilità.

Protocolli di comunicazione: interfacce come UART, I2C e SPI consentono ai microcontrollori di scambiare dati con sensori e attuatori.

Librerie e framework

La programmazione nel campo della robotica spesso comporta lo sfruttamento di librerie e framework esistenti per semplificare lo sviluppo. Per esempio:

ROS (Robot Operating System): fornisce strumenti e librerie per la creazione e la gestione di applicazioni robotiche.

Librerie Arduino: facilitano la programmazione di sistemi basati su microcontrollore.

Sistemi embedded ed elaborazione in tempo reale

I sistemi embedded sono sistemi informatici specializzati progettati per eseguire attività dedicate all'interno di sistemi più grandi. Sono fondamentali per l'elaborazione in tempo reale nella meccatronica.

Caratteristiche dei sistemi embedded

Operazioni in tempo reale: assicurati che le attività vengano completate entro rigorosi limiti di tempo.

Vincoli di risorse: operare con memoria e potenza di elaborazione limitate.

Affidabilità: deve funzionare costantemente in varie condizioni.

Sistemi operativi in tempo reale (RTOS)
Un RTOS garantisce che i sistemi integrati soddisfino i requisiti in tempo reale gestendo la pianificazione delle attività e l'allocazione delle risorse. Le caratteristiche comuni includono:

Priorità delle attività: assegna livelli di priorità alle attività critiche per garantire un'esecuzione tempestiva.

Gestione delle interruzioni: risponde tempestivamente a eventi esterni, come input di sensori o comandi dell'utente.

Gestione della concorrenza: consente l'esecuzione simultanea di più attività senza conflitti.

Applicazioni nella robotica
I sistemi integrati gestiscono funzioni critiche come:

Elaborazione dei dati dei sensori per la navigazione e l'elusione degli ostacoli.

Attuatori di controllo per un movimento preciso.

Gestione della comunicazione tra i componenti del sistema.

Teorie del controllo: PID, logica fuzzy e strategie avanzate

I sistemi di controllo sono essenziali per garantire che i sistemi robotici si comportino in modo prevedibile e raggiungano i risultati desiderati. Vengono impiegate varie strategie di controllo in base ai requisiti e alla complessità del sistema.

Controllo Proporzionale Integrale Derivativo (PID).
Il controllo PID è uno dei metodi più utilizzati per mantenere la stabilità nei sistemi robotici.

Proporzionale (P): corregge gli errori in base alla loro entità.

Integrale (I): risolve gli errori accumulati nel tempo.

Derivato (D): prevede e contrasta gli errori futuri analizzando il loro tasso di variazione.

Regolando i parametri P, I e D, gli ingegneri possono ottenere un controllo preciso per sistemi come bracci robotici e veicoli autonomi.

Controllo logico fuzzy

La logica fuzzy fornisce un metodo per gestire incertezze e input imprecisi. Invece di decisioni binarie, utilizza gradi di verità, consentendo ai robot di funzionare in ambienti con dati incompleti o rumorosi.

Funzioni di appartenenza: definire variabili fuzzy come "bassa velocità" o "alta temperatura".

Logica basata su regole: esegue azioni in base a regole predefinite, ad esempio "se la velocità è bassa e la temperatura è alta, aumenta la potenza".

Il controllo fuzzy viene spesso utilizzato in applicazioni come i robot mobili che navigano su terreni imprevedibili.

Strategie avanzate

La robotica moderna impiega metodi di controllo avanzati per gestire sistemi complessi:

Model Predictive Control (MPC): prevede il comportamento futuro del sistema per ottimizzare le prestazioni in un determinato orizzonte temporale.

Controllo adattivo: regola i parametri di controllo in tempo reale in base ai cambiamenti o ai disturbi del sistema.

Controllo basato su rete neurale: sfrutta l'apprendimento automatico per gestire sistemi non lineari e ad alta dimensionalità.

Queste strategie consentono ai robot di operare in ambienti dinamici con maggiore precisione e affidabilità.

Conclusione

Padroneggiando la programmazione, i sistemi integrati e le strategie di controllo, gli ingegneri possono progettare sistemi robotici reattivi, efficienti e affidabili. Queste competenze fondamentali sono fondamentali per avanzare in argomenti e applicazioni più complessi nella robotica e nella meccatronica.

Capitolo 3

Intelligenza artificiale nella robotica

L'intelligenza artificiale (AI) è una forza trasformativa nella robotica, poiché consente alle macchine di elaborare dati, prendere decisioni e adattarsi ai loro ambienti con precisione. Incorporando l'intelligenza artificiale, i sistemi robotici raggiungono livelli più elevati di autonomia, efficienza e funzionalità. Questo capitolo si concentra sul ruolo dell'apprendimento automatico, degli algoritmi di intelligenza artificiale per il processo decisionale e su come l'intelligenza artificiale è integrata nei sistemi meccatronici.

Introduzione all'apprendimento automatico

L'apprendimento automatico (ML) è un sottoinsieme dell'intelligenza artificiale che consente ai robot di apprendere dai dati e migliorare le prestazioni nel tempo senza una riprogrammazione esplicita. Nella robotica, l'apprendimento automatico viene utilizzato per attività quali il riconoscimento degli oggetti, la pianificazione del percorso e l'ottimizzazione del sistema.

Tipi di apprendimento automatico

1. Apprendimento supervisionato

Implica l'addestramento di un modello utilizzando dati etichettati, in cui le coppie input-output sono predefinite.

Le applicazioni comuni includono la classificazione degli oggetti, la stima delle pose e il riconoscimento vocale.

2. Apprendimento non supervisionato

Utilizza dati senza etichette per identificare modelli o raggruppamenti.

Le applicazioni includono il raggruppamento di oggetti in un ambiente o la segmentazione di immagini per la navigazione.

3. Apprendimento per rinforzo (RL)

Si concentra sulla formazione di un sistema per prendere decisioni premiando i risultati desiderati e penalizzando gli errori.

Utilizzato frequentemente nella robotica per attività come la navigazione autonoma e l'acquisizione di abilità manipolative.

Tecniche chiave di machine learning

Reti neurali: modellate sul cervello umano, queste reti sono efficaci per l'elaborazione di dati complessi e non lineari.

Support Vector Machines (SVM): utilizzate per attività di classificazione e regressione nella robotica.

Alberi decisionali: fornire modelli interpretabili per semplici processi decisionali.

L'apprendimento automatico consente ai robot di eseguire attività con maggiore precisione e adattabilità sfruttando modelli basati sui dati.

Algoritmi di intelligenza artificiale nel processo decisionale

Algoritmi decisionali guidano i sistemi robotici nella selezione delle azioni più appropriate in base ai loro obiettivi e alle condizioni ambientali.

Sistemi basati su regole
Questi sistemi seguono regole predefinite per prendere decisioni. Sebbene efficaci per compiti strutturati, mancano di flessibilità in ambienti dinamici.

Algoritmi euristici
I metodi euristici forniscono soluzioni pratiche per il processo decisionale quando le soluzioni esatte sono computazionalmente irrealizzabili. Gli esempi includono algoritmi di pathfinding come A* e Dijkstra per la navigazione.

Algoritmi probabilistici
I modelli probabilistici tengono conto dell'incertezza nei sistemi robotici. Gli approcci comuni includono:

Reti bayesiane: rappresentano relazioni probabilistiche tra variabili, utili nella fusione dei sensori e nel processo decisionale.

Metodi Monte Carlo: genera più simulazioni per stimare le migliori azioni possibili, spesso applicate nella localizzazione e nella pianificazione.

Processo decisionale basato sul deep learning
Gli algoritmi di deep learning, come le reti neurali convoluzionali (CNN) e le reti neurali ricorrenti (RNN), vengono utilizzati per compiti decisionali complessi. Le applicazioni includono:

Navigazione basata sulla visione: interpretazione dei dati visivi per guidare il movimento.

Manipolazione autonoma: identificare e interagire con gli oggetti.

Interazione del linguaggio naturale: consentire ai robot di comprendere e rispondere ai comandi umani.

Questi algoritmi consentono ai robot di prendere decisioni informate e in tempo reale in diversi scenari.

Integrazione dell'intelligenza artificiale con la meccatronica

L'integrazione dell'intelligenza artificiale nei sistemi meccatronici ne migliora la funzionalità combinando l'intelligenza computazionale con i meccanismi fisici.

Sensori guidati dall'intelligenza artificiale
L'intelligenza artificiale migliora la funzionalità del sensore consentendo l'analisi dei dati in tempo reale e la riduzione del rumore. Ad esempio, le telecamere basate sull'intelligenza

artificiale possono identificare oggetti e tracciare i movimenti con elevata precisione.

Sistemi di controllo
Gli algoritmi di intelligenza artificiale migliorano l'efficienza e l'adattabilità dei sistemi di controllo. Ad esempio, l'apprendimento per rinforzo consente ai bracci robotici di affinare i propri movimenti per attività come la saldatura o l'assemblaggio.

Pianificazione e navigazione del percorso
L'intelligenza artificiale è fondamentale nella pianificazione dei percorsi ottimali per i robot. Algoritmi come SLAM (Simultaneous Localization and Mapping) consentono ai robot di costruire mappe del loro ambiente determinando la loro posizione.

Interazione uomo-robot (HRI)
L'intelligenza artificiale facilita l'interazione naturale tra esseri umani e robot interpretando gesti, parole ed espressioni facciali. Ciò è

particolarmente importante nei robot collaborativi (cobot) utilizzati in applicazioni industriali e di servizi.

Manutenzione predittiva
Gli algoritmi di intelligenza artificiale analizzano i dati provenienti dai sistemi robotici per prevedere potenziali guasti, riducendo i tempi di inattività e i costi di manutenzione.

Conclusione

L'intelligenza artificiale trasforma la robotica consentendo alle macchine di eseguire compiti in modo autonomo e adattivo. L'apprendimento automatico, gli algoritmi decisionali avanzati e l'integrazione basata sull'intelligenza artificiale con la meccatronica consentono la creazione di sistemi altamente capaci, ponendo le basi per l'innovazione nella robotica e nell'automazione.

Capitolo 4

Progettare l'architettura della robotica

L'architettura di un sistema robotico ne determina la funzionalità, l'adattabilità e l'efficienza. Un design ben strutturato garantisce che tutti i componenti funzionino armoniosamente per raggiungere gli obiettivi desiderati mantenendo affidabilità ed efficienza in termini di costi. Questo capitolo si concentra sui principi della progettazione modulare e monolitica, sulle strategie per l'integrazione dei sistemi e sui metodi per ottimizzare l'efficienza energetica e la gestione dell'energia.

Design modulare e monolitico

La scelta tra approcci di progettazione modulare e monolitica è una decisione fondamentale nello sviluppo di sistemi robotici. Ciascun approccio presenta vantaggi unici ed è adatto per applicazioni specifiche.

Design modulare

Il design modulare divide il sistema in unità discrete e autonome che possono funzionare in modo indipendente o come parte del tutto.

Vantaggi:

Flessibilità: i componenti possono essere aggiunti, rimossi o sostituiti senza influenzare l'intero sistema.

Scalabilità: nuove caratteristiche o funzioni possono essere integrate facilmente.

Manutenzione: i moduli difettosi possono essere identificati e sostituiti rapidamente.

Personalizzazione: i sistemi possono essere adattati a compiti o ambienti specifici.

Applicazioni: i progetti modulari sono spesso utilizzati in sistemi robotici che richiedono frequenti aggiornamenti o personalizzazioni, come robot di servizio e piattaforme di ricerca.

Design monolitico
Il design monolitico integra tutti i componenti del sistema in un'unica struttura unificata.

Vantaggi:

Compattezza: riduce lo spazio fisico e i requisiti di cablaggio.

Efficienza: comunicazione ottimizzata e condivisione delle risorse tra i componenti.

Robustezza: meno punti di guasto grazie alla ridotta complessità.

Applicazioni: i design monolitici sono generalmente impiegati in sistemi che richiedono operazioni ad alta velocità e dove l'integrazione compatta è una priorità, come i robot industriali.

Considerazioni chiave:

I design modulari sono preferiti per l'adattabilità e la manutenibilità, mentre i design monolitici sono più adatti per sistemi snelli e ad alte prestazioni.

La scelta dipende dai requisiti dell'applicazione, dai vincoli di costo e dall'ambiente operativo previsto.

Strategie di integrazione del sistema

L'integrazione del sistema prevede la combinazione di componenti meccanici, elettronici e software in un'unità operativa coesa. Un'integrazione riuscita garantisce che il sistema robotico funzioni perfettamente, con ciascun sottosistema che supporta gli obiettivi generali.

Progettazione dell'interfaccia
Interfacce chiare e standardizzate sono essenziali per la comunicazione tra i componenti. Le interfacce dovrebbero includere:

Collegamenti fisici: collegamenti meccanici ed elettrici sicuri.

Protocolli di comunicazione dati: formati standardizzati come CAN, Ethernet o UART per lo scambio di informazioni.

Gerarchia e controllo
Un'integrazione efficace del sistema richiede una struttura di controllo gerarchica:

Controllo di basso livello: gestisce attuatori e sensori.

Controllo di medio livello: gestisce l'elaborazione dei dati e il coordinamento del sottosistema.

Controllo di alto livello: supervisiona il processo decisionale e gli obiettivi a livello di sistema.

Sincronizzazione del segnale
La sincronizzazione dei segnali tra i componenti garantisce una reattività in tempo reale. Le tecniche includono:

Sistemi con attivazione temporale: eseguono attività a intervalli predefiniti.

Sistemi attivati da eventi: rispondono a condizioni o input specifici.

Test e convalida
I sistemi integrati devono essere sottoposti a test rigorosi per identificare e risolvere i problemi di compatibilità. Strumenti come

ambienti di simulazione e test hardware-in-the-loop (HIL) consentono la verifica in condizioni controllate.

Efficienza energetica e gestione della potenza

L'efficienza energetica è un aspetto critico della progettazione della robotica, poiché incide sui costi operativi, sull'affidabilità e sulla sostenibilità ambientale. La gestione dell'energia garantisce che l'energia venga distribuita e utilizzata in modo efficace in tutto il sistema.

Ottimizzazione del consumo energetico

Componenti a basso consumo: utilizza attuatori, sensori e microcontrollori ad alta efficienza energetica.

Scalabilità dinamica della potenza: regola i livelli di potenza in base alle richieste del sistema, ad esempio riducendo la potenza del motore durante gli stati di inattività.

Sistemi di recupero dell'energia: implementare la frenata rigenerativa o altre tecniche per catturare e riutilizzare l'energia.

Gestione della batteria
I sistemi robotici spesso fanno affidamento sulle batterie per l'alimentazione. Una gestione efficace della batteria è essenziale per massimizzare la durata e le prestazioni:

Chimica della batteria: selezionare tipi adatti come agli ioni di litio per un'elevata densità di energia o al piombo-acido per l'efficienza dei costi.

Strategie di ricarica: ottimizza i cicli di ricarica per evitare sovraccarichi o scariche profonde.

Sistemi di monitoraggio: utilizza sensori per monitorare tensione, corrente e temperatura, garantendo un funzionamento sicuro.

Gestione termica
I sistemi ad alta intensità energetica generano calore, che può influire sulle prestazioni e sulla sicurezza. I metodi per gestire il calore includono:

Raffreddamento passivo: utilizzare dissipatori di calore e isolamento termico.

Raffreddamento attivo: utilizza ventole o sistemi di raffreddamento a liquido per la dissipazione del calore.

Integrazione delle energie rinnovabili
I robot progettati per applicazioni esterne o remote possono trarre vantaggio da fonti di energia rinnovabile:

Pannelli solari: alimentazione supplementare per i robot mobili che operano alla luce del sole.

Energia eolica: fornire energia aggiuntiva in ambienti idonei.

Considerazioni sulla progettazione:

Riduci al minimo il consumo energetico non necessario attraverso algoritmi efficienti e un design leggero.

Dare priorità al recupero e alla distribuzione dell'energia per estendere l'autonomia operativa.

Conclusione

L'architettura di un sistema robotico gioca un ruolo cruciale nelle sue prestazioni, adattabilità e sostenibilità. Bilanciando la modularità con l'integrazione e dando priorità all'efficienza energetica, gli ingegneri possono progettare sistemi che soddisfano le esigenze operative riducendo al minimo i costi e l'impatto ambientale.

Capitolo 5

Interazione ed etica uomo-robot

L'interazione uomo-robot (HRI) è un'area critica della progettazione robotica, incentrata sul modo in cui gli esseri umani e i robot comunicano, collaborano e coesistono. Questo campo affronta le considerazioni tecniche, ergonomiche ed etiche necessarie per garantire che i sistemi robotici siano intuitivi, sicuri e vantaggiosi. Questo capitolo esamina le interfacce e l'ergonomia, le implicazioni sociali ed etiche e le strategie per migliorare la collaborazione attraverso l'intelligenza artificiale.

Interfacce ed ergonomia

Un'interfaccia ben progettata garantisce che gli utenti possano interagire con i robot in modo efficiente ed efficace. L'ergonomia gioca un ruolo fondamentale nel garantire comfort, sicurezza e accessibilità.

Interfacce per l'interazione uomo-robot

1. Interfacce grafiche utente (GUI)

Fornire una piattaforma visiva per il monitoraggio e il controllo dei sistemi robotici.

Le funzionalità includono touchscreen, dashboard e feedback visivo in tempo reale.

2. Riconoscimento vocale e vocale

Abilita l'interazione a mani libere tramite comandi in linguaggio naturale.

I requisiti chiave includono una solida cancellazione del rumore e il supporto multilingue.

3. Interfacce tattili

Utilizza il feedback tattile per migliorare la percezione dell'utente delle azioni robotiche, come la vibrazione o la resistenza alla forza.

Le applicazioni includono la teleoperazione e la robotica medica.

4. Gesto e controllo del movimento

Rileva e interpreta i movimenti umani utilizzando sensori o telecamere.

Adatto per applicazioni che richiedono comunicazione non verbale, come la robotica assistiva.

5. Interfacce di realtà aumentata (AR).

Sovrapponi informazioni digitali all'ambiente fisico per guidare gli utenti durante le operazioni robotiche.

Principi di progettazione ergonomica

Accessibilità: garantire che i sistemi possano essere utilizzati da individui con diverse capacità fisiche e cognitive.

Sicurezza: progettare interfacce e sistemi fisici per ridurre al minimo i rischi, compresi meccanismi di arresto di emergenza e dispositivi di sicurezza.

Intuitività: semplificare i metodi di interazione per ridurre la curva di apprendimento e prevenire errori.

Personalizzazione: consente agli utenti di personalizzare le interfacce in base alle loro esigenze o preferenze specifiche.

Implicazioni sociali, legali ed etiche

L'integrazione dei robot negli ambienti umani solleva complesse questioni sociali, legali ed etiche che devono essere affrontate durante la progettazione e l'implementazione.

Considerazioni sociali

Spostamento del lavoro: l'automazione può portare a cambiamenti della forza lavoro, richiedendo strategie di riqualificazione e adattamento del ruolo.

Preoccupazioni sulla privacy: i robot dotati di telecamere e sensori devono garantire che la raccolta dei dati rispetti la privacy dell'utente.

Accettazione e fiducia: costruire la fiducia richiede trasparenza nel modo in cui i robot funzionano e prendono decisioni.

Quadri giuridici

Responsabilità: chiarire la responsabilità in caso di malfunzionamenti o incidenti del sistema robotico.

Conformità: garantire il rispetto degli standard di sicurezza e delle normative sulla protezione dei dati.

Proprietà: definire i diritti di proprietà intellettuale per le creazioni robotiche e gli algoritmi di intelligenza artificiale.

Principi Etici

1. Sicurezza e non maleficenza

I robot devono essere progettati per evitare danni agli esseri umani e all'ambiente.

2. Trasparenza

I sistemi dovrebbero fornire informazioni chiare sui processi decisionali e sui limiti.

3. Autonomia e consenso

Rispettare l'autonomia umana garantendo che i robot non prevalgano sulle decisioni degli utenti senza consenso.

4. Mitigazione dei pregiudizi

Prevenire la discriminazione addestrando i sistemi di intelligenza artificiale su set di dati diversi e rappresentativi.

La robotica etica richiede una collaborazione interdisciplinare per allineare i progressi tecnici ai valori sociali.

Migliorare la collaborazione con l'intelligenza artificiale

L'intelligenza artificiale svolge un ruolo chiave nel consentire ai robot di lavorare a fianco degli esseri umani in ambienti collaborativi e dinamici.

Robot collaborativi (Cobot)
I cobot sono progettati per lavorare direttamente con gli esseri umani, spesso in spazi condivisi. Le caratteristiche chiave includono:

Rilevamento di forza e prossimità: rileva la presenza umana e regola i movimenti per evitare collisioni.

Condivisione delle attività: assegna i compiti tra esseri umani e robot in base ai punti di forza, come la precisione per i robot e la creatività per gli esseri umani.

Comportamento adattivo
L'intelligenza artificiale consente ai robot di adattarsi alle preferenze e agli stili di lavoro dei singoli utenti.

Imparare dalla dimostrazione: i robot osservano le azioni umane e replicano le attività.

Consapevolezza del contesto: i sistemi interpretano i fattori ambientali e situazionali per adeguare le operazioni.

Comunicazione efficace
I sistemi basati sull'intelligenza artificiale migliorano l'interazione comprendendo e rispondendo alle intenzioni umane:

Elaborazione del linguaggio naturale (PNL): interpreta istruzioni complesse e fornisce feedback verbale.

Riconoscimento facciale ed emotivo: valuta le emozioni dell'utente per modificare il comportamento, migliorando il comfort e l'usabilità.

Applicazioni in ambienti di squadra

Produzione: robot e esseri umani collaborano sulle catene di montaggio, combinando efficienza e adattabilità.

Sanità: i robot di assistenza supportano i professionisti medici negli interventi chirurgici o nella cura dei pazienti.

Istruzione: i robot educativi forniscono esperienze di apprendimento personalizzate.

Conclusione

L'interazione uomo-robot deve dare priorità alle interfacce intuitive, al design ergonomico e alle considerazioni etiche per garantire un'integrazione riuscita negli ambienti umani. Sfruttando l'intelligenza artificiale per una migliore collaborazione, i sistemi robotici possono supportare le capacità umane affrontando al tempo stesso le sfide sociali ed etiche in modo responsabile.

Capitolo 6

Robotica nelle applicazioni industriali

La robotica industriale ha rivoluzionato la produzione, la logistica e la gestione della catena di fornitura. Integrando l'automazione avanzata, la robotica aumenta l'efficienza, la precisione e la scalabilità in vari settori. Questo capitolo tratta l'uso della robotica nella produzione e nella logistica, nonché le sfide e le innovazioni che guidano questo campo.

Automazione nella produzione

La produzione è stata la spina dorsale della robotica industriale, trasformando il modo in cui le merci vengono prodotte. I sistemi robotici automatizzano attività ripetitive e di alta precisione, garantendo una qualità costante e una produttività più rapida.

Applicazioni della robotica nel settore manifatturiero

1. Linee di assemblaggio

I bracci robotici eseguono compiti di assemblaggio precisi, come il posizionamento dei componenti, il fissaggio e l'ispezione del prodotto.

I robot multiasse consentono movimenti complessi, consentendo l'assemblaggio di progetti complessi.

2. Saldatura e verniciatura

I sistemi di saldatura automatizzati ottengono saldature uniformi con difetti minimi, migliorando l'integrità strutturale.

I verniciatori robotizzati garantiscono uno spessore di rivestimento costante riducendo al minimo gli sprechi e l'esposizione a materiali pericolosi.

3. Movimentazione dei materiali

I robot trasportano materie prime, semilavorati e prodotti finiti attraverso gli impianti di produzione.

I sistemi robotici integrati nei trasportatori migliorano l'efficienza e riducono gli infortuni dovuti alla movimentazione manuale.

4. Controllo di qualità

I robot basati sulla visione rilevano i difetti con elevata precisione, garantendo che solo prodotti di alta qualità raggiungano il mercato.

Vantaggi della robotica nella produzione

Maggiore produttività: i robot lavorano continuamente senza fatica, massimizzando la produzione.

Precisione migliorata: l'automazione riduce al minimo l'errore umano, garantendo una qualità costante.

Efficienza dei costi: sebbene gli investimenti iniziali siano elevati, i costi operativi a lungo termine diminuiscono grazie alla riduzione degli sprechi di manodopera e materiali.

Robotica nella logistica e nella supply chain

I robot svolgono un ruolo fondamentale nell'ottimizzazione delle operazioni logistiche e della catena di fornitura. Consentono una gestione più rapida, precisa e flessibile delle merci nelle varie fasi.

Applicazioni nella logistica

1. Magazzinaggio

Veicoli a guida automatizzata (AGV) e robot mobili autonomi (AMR) si muovono nei magazzini per trasportare le merci in modo efficiente.

I raccoglitori robotizzati utilizzano sistemi di visione basati sull'intelligenza artificiale per individuare e recuperare gli articoli dagli scaffali.

2. Smistamento e confezionamento

I robot di smistamento ad alta velocità classificano gli articoli in base a dimensioni, peso e destinazione.

I sistemi di imballaggio robotizzati personalizzano l'imballaggio per le diverse dimensioni del prodotto.

3. Gestione dell'inventario

Droni e sistemi robotici effettuano controlli dell'inventario in tempo reale, migliorando la precisione e riducendo le discrepanze nelle scorte.

4. Consegna nell'ultimo miglio

Robot e droni per le consegne gestiscono la distribuzione dei pacchi, soprattutto nelle aree urbane e remote.

Impatto sulla catena di fornitura

Velocità: la robotica riduce i tempi di consegna, garantendo consegne più rapide ai clienti.

Precisione: i sistemi automatizzati riducono gli errori di smistamento, etichettatura e spedizione.

Flessibilità: i robot abilitati all'intelligenza artificiale si adattano alle richieste dinamiche della catena di approvvigionamento, come le fluttuazioni stagionali.

Sfide e innovazioni

L'adozione della robotica nelle applicazioni industriali comporta sfide uniche. Tuttavia, le innovazioni in corso mirano ad affrontare questi problemi e ad espandere le capacità robotiche.

Sfide

1. Costi iniziali elevati

L'investimento di capitale richiesto per i sistemi robotici e le infrastrutture di supporto rimane un ostacolo per le piccole e medie imprese.

2. Integrazione complessa

L'integrazione della robotica con i sistemi esistenti richiede competenze e può interrompere le operazioni in corso.

3. Adattamento della forza lavoro

I dipendenti hanno bisogno di formazione per utilizzare e mantenere i sistemi robotici e devono essere affrontate le preoccupazioni relative allo spostamento del lavoro.

4. Ambienti dinamici

I robot spesso hanno difficoltà in ambienti con condizioni imprevedibili o irregolari, come illuminazione variabile o spazi di lavoro non strutturati.

Innovazioni

1. Robot collaborativi (Cobot)

Progettati per lavorare a fianco degli esseri umani, i cobot combinano i punti di forza della creatività umana e della precisione robotica.

Le funzionalità di sicurezza integrate, come i sensori di forza, consentono ai cobot di operare senza barriere fisiche.

2. Intelligenza artificiale e apprendimento automatico

I robot guidati dall'intelligenza artificiale migliorano il processo decisionale e l'adattabilità, consentendo loro di gestire compiti complessi come la previsione della domanda e la navigazione autonoma.

3. Edge computing

L'elaborazione sul dispositivo riduce la latenza e consente ai robot di operare con maggiore indipendenza, anche in ambienti con connettività limitata.

4. Sostenibilità

Robot e sistemi efficienti dal punto di vista energetico per il riciclaggio o il riutilizzo dei materiali contribuiscono a pratiche industriali attente all'ambiente.

5. Sensori e attuatori avanzati

Le capacità sensoriali migliorate consentono ai robot di interagire in modo più efficace con ambienti dinamici, migliorando le prestazioni in attività come lo smistamento dei materiali e il rilevamento dei difetti.

Conclusione

La robotica nelle applicazioni industriali ha ridefinito l'efficienza, la produttività e l'innovazione nella produzione e nella logistica. Sebbene persistono sfide quali costi e integrazione, i progressi nell'intelligenza artificiale, nei sistemi collaborativi e nella progettazione sostenibile garantiscono che la robotica continuerà a trasformare il panorama industriale.

Capitolo 7

Robotica in sanità e tecnologie assistive

La robotica ha notevolmente avanzato le tecnologie sanitarie e assistive, migliorando la cura dei pazienti, la precisione chirurgica e la qualità della vita delle persone con disabilità. Sfruttando i sistemi robotici, i professionisti medici eseguono compiti con maggiore precisione e i pazienti beneficiano di maggiore mobilità e indipendenza. Questo capitolo affronta la robotica chirurgica, i dispositivi di assistenza, le protesi e l'importanza della sicurezza nelle applicazioni mediche.

Robotica chirurgica

La robotica chirurgica ha trasformato la medicina moderna consentendo procedure minimamente invasive, migliorando la precisione e riducendo i tempi di recupero.

Applicazioni in Chirurgia

1. Chirurgia mini-invasiva (MIS)

I sistemi robotici, come il sistema chirurgico da Vinci, assistono i chirurghi nell'esecuzione di procedure complesse attraverso piccole incisioni.

Le caratteristiche includono visualizzazione 3D ad alta definizione, filtraggio del tremore e controllo preciso dello strumento.

2. Chirurgia ortopedica

I robot assistono nelle sostituzioni articolari e nella ristrutturazione ossea, garantendo un allineamento e un posizionamento accurati degli impianti.

Sistemi come Mako sono ampiamente utilizzati per gli interventi chirurgici al ginocchio e all'anca.

3. Neurochirurgia

I sistemi robotici consentono la delicata manipolazione richiesta per le procedure cerebrali e spinali.

Strumenti come ROSA guidano i chirurghi nella stimolazione cerebrale profonda e nella rimozione del tumore.

4. Chirurgia Generale e Urologica

I sistemi robotici assistono in procedure come la riparazione dell'ernia, la prostatectomia e l'isterectomia, riducendo al minimo i rischi e migliorando i risultati.

Vantaggi della robotica chirurgica

Precisione: la maggiore destrezza riduce il rischio di errori.

Trauma ridotto: incisioni più piccole provocano meno dolore e una guarigione più rapida.

Accesso migliorato: i robot estendono le capacità chirurgiche in aree remote o difficili del corpo.

Ausili e protesi

Le tecnologie assistive migliorano la mobilità, l'indipendenza e la funzionalità delle persone con disabilità o condizioni mediche.

Dispositivi di assistenza
1. Esoscheletri potenziati

Dispositivi come ReWalk ed Ekso Bionics aiutano le persone con lesioni del midollo spinale o disturbi neurologici a ritrovare la mobilità.

Le applicazioni includono la riabilitazione e il supporto per stare in piedi, camminare o sollevare carichi pesanti.

2. Sedie a rotelle e ausili per la mobilità

Le sedie a rotelle robotiche offrono funzionalità come la navigazione autonoma, l'elusione degli ostacoli e il funzionamento a comando vocale.

Questi dispositivi migliorano l'accessibilità per le persone con gravi disabilità motorie.

Protesi

1. Arti bionici

Le protesi avanzate integrano robotica e interfacce neurali per replicare i movimenti naturali e fornire feedback sensoriali.

Gli esempi includono le protesi mioelettriche, che utilizzano i segnali muscolari per il controllo.

2. Integrazione sensoriale

I dispositivi protesici incorporano sensori tattili per ripristinare sensazioni come pressione, temperatura e consistenza.

Queste funzionalità migliorano la capacità dell'utente di interagire con il proprio ambiente.

Progressi tecnologici nei dispositivi di assistenza

Machine Learning: regolazioni personalizzate in base alle preferenze dell'utente e ai modelli di utilizzo.

Sistemi di alimentazione compatti: le batterie leggere migliorano la portabilità e l'usabilità.

Stampa 3D: protesi convenienti e personalizzate per maggiore comfort e funzionalità.

Garantire la sicurezza nelle applicazioni mediche

La sicurezza è fondamentale nella robotica sanitaria, dove le vite umane sono direttamente interessate. Standard e protocolli rigorosi governano lo sviluppo, i test e l'implementazione dei robot medici.

Affidabilità del sistema

Ridondanza: incorporare sistemi di backup per mantenere la funzionalità in caso di guasti.

Rilevamento degli errori: gli algoritmi monitorano le operazioni e interrompono le procedure se si verificano anomalie.

Manutenzione regolare: i controlli programmati e gli aggiornamenti software garantiscono prestazioni costanti.

Protocolli per la sicurezza del paziente

Pianificazione preoperatoria: i sistemi robotici utilizzano dati di imaging, come scansioni TC o MRI, per mappare i percorsi chirurgici.

Supervisione umana: i chirurghi o gli operatori mantengono il controllo, con il robot che assiste anziché prendere decisioni autonome.

Sterilizzazione: gli strumenti e i sistemi robotici sono progettati per una facile pulizia e sterilizzazione per prevenire infezioni.

Conformità normativa

Il rispetto degli standard stabiliti da organizzazioni come FDA (USA) o CE (Europa) garantisce la sicurezza e l'efficacia dei robot medici.

Sicurezza e privacy dei dati

Crittografia: protezione dei dati sensibili dei pazienti elaborati dai sistemi robotici.

Controllo degli accessi: limita l'utilizzo del sistema al personale autorizzato.

Conclusione

La robotica sanitaria e le tecnologie assistive forniscono vantaggi trasformativi, migliorando la precisione delle procedure mediche e la qualità della vita delle persone che necessitano di supporto per la mobilità. Dando priorità alla sicurezza, all'affidabilità e all'innovazione, questi sistemi continuano ad avanzare le frontiere della scienza medica e della cura dei pazienti.

Capitolo 8

Sistemi autonomi e intelligenti

I sistemi autonomi operano con un intervento umano minimo o nullo, utilizzando algoritmi avanzati, sensori e apprendimento automatico per eseguire attività in diversi domini. Questo capitolo si concentra sui droni e sui veicoli aerei senza pilota (UAV), sui veicoli a guida autonoma e sulle strutture alla base dell'autonomia.

Droni e UAV

Droni e UAV sono fondamentali in settori che vanno dall'agricoltura alla difesa. Questi sistemi si basano su software e hardware sofisticati per navigare, eseguire attività e comunicare in tempo reale.

Applicazioni dei droni

1. Agricoltura

Monitoraggio delle colture: i sensori multispettrali identificano la salute delle colture, i problemi di irrigazione e le infestazioni di parassiti.

Irrorazione di precisione: gli UAV forniscono fertilizzanti o pesticidi con uno spreco minimo.

2. Sorveglianza e sicurezza

Pattuglia di frontiera: dotati di termocamere, i droni forniscono sorveglianza in tempo reale su terreni difficili.

Risposta ai disastri: gli UAV valutano i danni, individuano i sopravvissuti e consegnano rifornimenti durante le emergenze.

3. Ispezione delle infrastrutture

Settore energetico: i droni ispezionano linee elettriche, condutture e turbine eoliche, riducendo l'esposizione umana a condizioni pericolose.

Costruzione: gli UAV monitorano i progressi, esaminano i siti e creano modelli 3D.

4. Consegna e logistica

Consegna dell'ultimo miglio: i droni trasportano pacchi, forniture mediche e altri beni direttamente ai consumatori.

Componenti tecnologici

Sistemi di navigazione: integrazione GPS e localizzazione e mappatura visiva simultanea (vSLAM) per un posizionamento preciso.

Evitamento degli ostacoli: i sensori a ultrasuoni, a infrarossi e LiDAR garantiscono operazioni sicure.

Protocolli di comunicazione: trasferimento dati in tempo reale tramite 4G, 5G o frequenze radio dedicate.

Veicoli a guida autonoma

I veicoli autonomi (AV) stanno rimodellando i trasporti riducendo gli incidenti, migliorando l'efficienza e fornendo soluzioni di mobilità.

Caratteristiche principali dei veicoli a guida autonoma

1. Sistemi di percezione

Utilizza telecamere, LiDAR, radar e sensori a ultrasuoni per interpretare l'ambiente circostante.

Riconoscere oggetti come pedoni, veicoli e segnali stradali.

2. Algoritmi decisionali

Elabora i dati dei sensori per determinare percorsi ottimali, cambi di corsia e decisioni di frenata o accelerazione.

Dai priorità alla sicurezza utilizzando valutazioni del rischio in tempo reale.

3. Meccanismi di controllo

Aziona i sistemi di sterzo, frenata e accelerazione per eseguire le manovre pianificate.

Garantire transizioni fluide tra le modalità di controllo autonomo e manuale.

Livelli di autonomia

Livello 1-2: assistenza parziale in attività come il controllo automatico della velocità adattivo e il mantenimento della corsia.

Livello 3-4: elevata automazione in determinate condizioni, che richiede l'intervento umano solo in caso di emergenza.

Livello 5: Piena autonomia senza intervento umano in qualsiasi ambiente.

Applicazioni

Trasporti pubblici: autobus e navette autonomi riducono i costi e migliorano l'accessibilità.

Logistica commerciale: i camion autonomi semplificano le operazioni di trasporto merci a lungo raggio.

Ride-Sharing: le flotte AV offrono servizi di trasporto efficienti e su richiesta.

Le sfide dell'adozione

La preparazione delle infrastrutture, le approvazioni normative e la fiducia del pubblico rimangono ostacoli significativi.

Quadri per l'autonomia

L'autonomia richiede un quadro solido per garantire il processo decisionale, l'adattabilità e l'affidabilità operativa.

Componenti principali

1. Percezione e rilevamento

Raccogli dati dall'ambiente attraverso sensori come telecamere, LiDAR e radar.

Elaborare gli input per identificare ostacoli, percorsi e cambiamenti dinamici.

2. Localizzazione e mappatura

Localizzazione e mappatura simultanea (SLAM): crea e aggiorna le mappe monitorando la posizione del sistema.

L'integrazione del sistema GNSS (Global Navigation Satellite System) migliora la precisione negli ambienti esterni.

3. Pianificazione del percorso

Algoritmi come A*, RRT e Dijkstra ottimizzano i percorsi in base al terreno, agli ostacoli e all'efficienza.

La regolazione dinamica del percorso consente l'adattamento a cambiamenti imprevisti.

4. Processo decisionale e controllo

Utilizza modelli come macchine a stati finiti e apprendimento per rinforzo profondo per valutare e selezionare le azioni.

I sistemi di controllo eseguono azioni con precisione, garantendo sicurezza e stabilità.

Categorie del quadro di autonomia

1. Sistemi reattivi

Rispondere a stimoli immediati senza contesto storico.

Semplice, veloce, ma meno capace in scenari complessi.

2. Sistemi deliberativi

Utilizzare una comprensione dettagliata dell'ambiente e pianificare le azioni di conseguenza.

Più intensivo dal punto di vista computazionale ma efficace in ambienti dinamici.

3. Sistemi ibridi

Combina approcci reattivi e deliberativi per ottenere equilibrio e adattabilità.

Considerazioni normative ed etiche

Stabilire linee guida chiare per affrontare la responsabilità, la privacy dei dati e la sicurezza.

Garantire che i sistemi diano priorità al benessere umano rispetto all'efficienza operativa.

Conclusione

I sistemi autonomi sono diventati indispensabili in diversi settori, migliorando efficienza e sicurezza. Poiché i progressi tecnologici continuano a perfezionare questi sistemi, quadri solidi, considerazioni etiche e adattabilità rimarranno cruciali per la loro implementazione e accettazione di successo.

Capitolo 9

Tendenze emergenti nella robotica e nella meccatronica

Il campo della robotica e della meccatronica si sta evolvendo rapidamente, guidato dai progressi nell'informatica quantistica, nell'Internet delle cose (IoT), nelle energie rinnovabili e nell'intelligenza artificiale. Queste tendenze stanno rimodellando la progettazione, le capacità e le applicazioni dei sistemi robotici. Questo capitolo esamina l'integrazione dell'informatica quantistica e dell'IoT, l'uso dell'energia rinnovabile nella robotica e la traiettoria prevista dell'intelligenza artificiale e della meccatronica.

Informatica quantistica e integrazione IoT

L'integrazione dell'informatica quantistica e dell'IoT nella robotica rappresenta un salto significativo in termini di potenza computazionale, connettività e capacità decisionali.

Informatica quantistica nella robotica
L'informatica quantistica sfrutta la meccanica quantistica per elaborare le informazioni in modo esponenzialmente più veloce rispetto ai computer classici, consentendo scoperte rivoluzionarie nei sistemi robotici.

Ottimizzazione: gli algoritmi quantistici risolvono complessi problemi di ottimizzazione nella pianificazione del percorso, nell'allocazione delle attività e nella gestione delle risorse.

Accelerazione del machine learning: il machine learning potenziato dal punto di vista quantistico addestra i modelli in modo più efficiente, migliorando l'adattabilità robotica.

Simulazione: le simulazioni quantistiche forniscono una modellazione precisa per materiali, sensori e progetti di robot.

IoT e robotica

L'IoT collega i robot a una rete di dispositivi, sensori e sistemi, consentendo comunicazione e coordinamento senza soluzione di continuità.

1. Condivisione dei dati in tempo reale

I robot scambiano informazioni con i dispositivi IoT per migliorare la consapevolezza situazionale e il processo decisionale.

Le applicazioni includono le fabbriche intelligenti, in cui i robot abilitati all'IoT collaborano per una produzione efficiente.

2. Monitoraggio e manutenzione remoti

I sensori IoT monitorano i sistemi robotici, prevedendo guasti e ottimizzando le prestazioni.

L'accesso remoto consente ai tecnici di risolvere i problemi e aggiornare i robot da qualsiasi luogo.

3. Interoperabilità

Gli standard IoT garantiscono la compatibilità tra i dispositivi, facilitando l'integrazione in ambienti diversi.

Energie rinnovabili nella robotica

Poiché la sostenibilità diventa una priorità globale, l'uso di fonti energetiche rinnovabili nella robotica sta guadagnando terreno.

Fonti e applicazioni energetiche

1. Energia solare

I pannelli solari integrati nei sistemi robotici consentono il funzionamento autonomo in ambienti esterni.

Le applicazioni includono robot agricoli e droni a energia solare.

2. Energia eolica

I robot che operano nei parchi eolici possono sfruttare l'energia direttamente dalle turbine per svolgere attività di manutenzione e monitoraggio dell'energia.

3. Energia idroelettrica

I robot alimentati ad acqua vengono utilizzati nell'esplorazione subacquea e nel monitoraggio ambientale.

4. Recupero energetico

Innovazioni come i materiali piezoelettrici e la cattura dell'energia cinetica consentono ai robot di generare energia dai loro movimenti o dall'ambiente circostante.

Vantaggi dell'energia rinnovabile nella robotica

Sostenibilità: riduce la dipendenza dai combustibili fossili e minimizza l'impatto ambientale.

Indipendenza operativa: estende la durata della missione per i robot in luoghi remoti o inaccessibili.

Efficienza dei costi: riduce i costi operativi a lungo termine attraverso soluzioni energetiche autosufficienti.

Sfide

Accumulo di energia: batterie e sistemi di accumulo efficienti sono essenziali per prestazioni costanti.

Complessità dell'integrazione: l'adattamento dei sistemi di energia rinnovabile a progetti robotici compatti richiede un'ingegneria avanzata.

Predire il futuro dell'intelligenza artificiale e della meccatronica

Intelligenza artificiale e meccatronica stanno convergendo per creare sistemi sempre più sofisticati. Anticipare gli sviluppi futuri è fondamentale per ricercatori, ingegneri e politici.

Tendenze che plasmano il futuro

1. IA incentrata sull'uomo

Concentrarsi sul miglioramento della collaborazione uomo-robot attraverso interfacce intuitive e comportamento adattivo.

I robot fungeranno sempre più da partner in scenari decisionali complessi.

2. Robotica bio-ispirata

I progetti che imitano gli organismi biologici miglioreranno l'adattabilità, l'efficienza e la versatilità.

Gli esempi includono la robotica morbida e i sistemi di intelligenza collettiva.

3. Edge computing nella robotica

L'elaborazione on-device ridurrà la dipendenza dai sistemi cloud, consentendo tempi di risposta più rapidi e una maggiore autonomia.

4. Miniaturizzazione

I progressi nei sistemi microelettromeccanici (MEMS) consentiranno robot più piccoli e più capaci per applicazioni come impianti medici e nanorobotica.

Impatto dell'intelligenza artificiale sulla meccatronica

Manutenzione predittiva: gli algoritmi IA anticipano i guasti del sistema, riducendo al minimo i tempi di inattività.

Sistemi personalizzabili: i robot intelligenti adattano le operazioni a compiti specifici o preferenze dell'utente.

Connettività globale: l'integrazione IoT basata sull'intelligenza artificiale consente il coordinamento in tempo reale tra sistemi distribuiti.

Potenziali sfide

Dilemmi etici: bilanciare l'innovazione con gli impatti sociali, la privacy e lo spostamento del lavoro.

Regolazione e standardizzazione: definizione di standard universali per governare l'intelligenza artificiale e le tecnologie robotiche.

Allocazione delle risorse: garantire un accesso equo alle tecnologie avanzate.

Conclusione

Le tendenze emergenti nel campo della robotica e della meccatronica stanno ridefinendo i confini della tecnologia. Sfruttando l'informatica quantistica, l'IoT e l'energia rinnovabile e facendo avanzare i sistemi meccatronici basati sull'intelligenza artificiale, il settore è pronto ad affrontare le sfide globali e sbloccare nuove possibilità. Queste innovazioni daranno forma alle industrie, trasformeranno la vita quotidiana e ridefiniranno il futuro dell'automazione.

Capitolo 10

Casi di studio pratici

Questo capitolo presenta casi di studio reali che dimostrano l'applicazione dei principi della robotica e della meccatronica in vari settori. Include una guida passo passo alla costruzione di un braccio robotico, discute l'automazione dei processi agricoli e le sfide associate ed esamina l'integrazione dell'intelligenza artificiale nei veicoli autonomi, concentrandosi su strutture e considerazioni etiche.

Costruire un braccio robotico: una guida passo passo

Un braccio robotico è un progetto fondamentale nel campo della robotica, che mostra l'integrazione di sistemi meccanici, elettronici e software.

Passaggio 1: definire i requisiti di progettazione

Determinare i gradi di libertà (DoF) in base all'intervallo di movimento desiderato.

Identificare la capacità di carico utile e l'ambiente operativo.

Passaggio 2: struttura meccanica

Telaio e giunti: utilizza materiali leggeri e durevoli come alluminio o plastica composita.

Attuatori: selezionare motori (servo, passo-passo o CC) che forniscono un controllo preciso e una coppia sufficiente.

Pinza: progettare l'effettore finale per adattarlo al compito previsto, come la presa di oggetti o la saldatura.

Passaggio 3: elettronica e sensori

Microcontrollore: scegli un controller come Arduino o Raspberry Pi per elaborare gli input e controllare le uscite.

Sensori:

Sensori di posizione (encoder) per monitorare i movimenti articolari.

Sensori di forza per la movimentazione di oggetti delicati.

Alimentazione: garantire che il sistema di alimentazione soddisfi i requisiti di tensione e corrente di attuatori e sensori.

Passaggio 4: sviluppo del software

Algoritmi di controllo: implementa la cinematica inversa per un posizionamento preciso e una pianificazione del movimento.

Programmazione: scrivere il codice per controllare gli attuatori e leggere i dati del sensore. Utilizza librerie come PySerial di Python per la comunicazione seriale.

Interfaccia: sviluppare una GUI intuitiva o un'interfaccia a riga di comando per il controllo.

Passaggio 5: assemblaggio e test

Assemblare i componenti, garantendo l'allineamento e i collegamenti sicuri.

Testa il movimento di ogni giunto, calibra i sensori e ottimizza gli algoritmi di controllo.

Eseguire test di carico per convalidare il progetto rispetto ai requisiti di carico utile.

Robotica in agricoltura: automazione e sfide

L'uso della robotica in agricoltura migliora l'efficienza, riduce i costi della manodopera e supporta pratiche sostenibili.

Applicazioni

1. Piantagione e raccolta

Le piantatrici robotizzate garantiscono una spaziatura e una profondità ottimali dei semi.

I robot di raccolta utilizzano sistemi di visione per identificare e raccogliere prodotti maturi senza danneggiare i raccolti.

2. Monitoraggio delle colture

I droni autonomi raccolgono dati sulla salute delle colture, sui livelli di umidità e sull'attività dei parassiti.

I robot di terra si muovono nei campi, cercando erbacce o carenze nutrizionali.

3. Irrigazione e gestione del suolo

I sistemi robotici ottimizzano l'utilizzo dell'acqua analizzando l'umidità del suolo e le condizioni meteorologiche.

I veicoli autonomi distribuiscono i fertilizzanti con precisione, riducendo gli sprechi.

Sfide

Ambienti complessi: le aziende agricole spesso presentano terreni irregolari, altezze variabili delle colture e condizioni meteorologiche imprevedibili.

Costo: l'elevato investimento iniziale limita l'adozione, soprattutto per i piccoli agricoltori.

Barriere normative: le normative in materia di licenze e sicurezza per le macchine autonome possono ritardare l'implementazione.

Soluzioni

I design modulari riducono i costi consentendo scalabilità e personalizzazione.

Collaborazione con cooperative agricole per risorse robotiche condivise.

L'intelligenza artificiale nei veicoli autonomi: quadri ed etica

I veicoli autonomi (AV) si affidano all'intelligenza artificiale per spostarsi sulle strade, interpretare le condizioni del traffico e garantire la sicurezza.

Framework per l'intelligenza artificiale negli AV

1. Sistemi di percezione

Utilizza telecamere, LiDAR e radar per rilevare oggetti, pedoni e segnaletica stradale.

L'elaborazione in tempo reale consente al veicolo di reagire istantaneamente ai cambiamenti.

2. Algoritmi decisionali

Implementare modelli di deep learning per la pianificazione del percorso e la valutazione del rischio.

Utilizzare l'apprendimento per rinforzo per migliorare il processo decisionale in base alle prestazioni storiche.

3. Sistemi di controllo

Aziona lo sterzo, la frenata e l'accelerazione in base ai comandi guidati dall'intelligenza artificiale.

Garantisci transizioni fluide tra la modalità manuale e quella autonoma.

Considerazioni etiche

1. Sicurezza

Garantire che l'intelligenza artificiale dia priorità al benessere dei passeggeri e dei pedoni.

Sviluppare meccanismi di sicurezza per gestire i malfunzionamenti del sistema.

2. Pregiudizi e processo decisionale

Affrontare potenziali pregiudizi nei set di dati di addestramento dell'IA per garantire un trattamento equo a tutti gli utenti della strada.

Valuta i dilemmi morali, come gli scenari per evitare le collisioni, attraverso algoritmi trasparenti.

3. Privacy

Proteggi i dati utente raccolti dai sensori del veicolo e dai sistemi di bordo.

Implementare rigorose misure di crittografia dei dati e di controllo degli accessi.

Esempio di caso

Il sistema Full Self-Driving (FSD) di Tesla utilizza reti neurali per gestire la navigazione urbana. Nonostante i progressi, il sistema richiede la supervisione umana, il che illustra le sfide attuali per raggiungere la piena autonomia.

Conclusione

I casi di studio presentati in questo capitolo evidenziano le applicazioni pratiche e le complessità della robotica e della meccatronica. Dalla costruzione di bracci robotici alla rivoluzione dell'agricoltura e al progresso dei veicoli autonomi, questi esempi dimostrano come i sistemi integrati stiano trasformando le industrie e affrontando le sfide del mondo reale.

Conclusione

La robotica e la meccatronica rappresentano la convergenza di molteplici discipline – ingegneria meccanica, elettronica, informatica e intelligenza artificiale – per creare sistemi intelligenti che migliorano l'efficienza, l'innovazione e l'adattabilità nella vita moderna. Questo libro ha fornito un esame strutturato dei concetti fondamentali, delle tecnologie all'avanguardia e delle applicazioni pratiche che definiscono questo campo dinamico.

Il viaggio è iniziato con l'esplorazione dei principi fondamentali della meccatronica, sottolineando l'integrazione di sistemi meccanici, componenti elettronici e meccanismi di controllo. Da lì, il libro ha approfondito il ruolo del software, dell'intelligenza artificiale e delle teorie del controllo che fungono da cervello dei moderni sistemi robotici. Questi sistemi non sono solo strumenti ma entità sempre più intelligenti in grado di interagire con gli esseri umani, apprendere dagli ambienti e svolgere compiti complessi in modo autonomo.

Le applicazioni pratiche della robotica in diversi settori – sanità, agricoltura, logistica e produzione – dimostrano la versatilità di queste tecnologie. Casi di studio su veicoli autonomi, droni, robot chirurgici e dispositivi di assistenza hanno evidenziato l'impatto trasformativo della robotica sulla società, affrontando sfide come la carenza di manodopera, l'efficienza e l'accessibilità.

Intuizioni chiave e prospettive future

1. Integrazione tecnologica
La sinergia tra intelligenza artificiale, IoT e calcolo quantistico ha sbloccato nuove possibilità nella robotica e nella meccatronica. Queste tecnologie hanno consentito ai robot di

operare in modo più autonomo, elaborare grandi quantità di dati e interagire perfettamente con gli esseri umani e altri dispositivi.

2. Sostenibilità ed efficienza energetica

L'integrazione dell'energia rinnovabile e le pratiche sostenibili nella robotica sono vitali per ridurre l'impatto ambientale. La transizione verso droni alimentati a energia solare, sistemi di raccolta dell'energia e una gestione efficiente delle risorse plasmerà il futuro della robotica verde.

3. Etica e responsabilità

L'adozione della robotica solleva importanti considerazioni etiche e legali. Le questioni relative alla privacy dei dati, alla sicurezza e all'impatto sociale devono essere affrontate in modo proattivo. I quadri che diano priorità al benessere umano e all'accesso equo alla tecnologia saranno essenziali man mano che la robotica diventerà sempre più pervasiva.

4. Collaborazione uomo-robot

La robotica funzionerà sempre più come collaboratrice piuttosto che come sostitutiva, assistendo gli esseri umani nei processi decisionali, nei compiti ripetitivi e nelle operazioni ad alto rischio. L'enfasi sul design ergonomico e sulle interfacce intuitive garantirà un'integrazione perfetta nei flussi di lavoro quotidiani.

Il futuro della robotica e della meccatronica è pieno di promesse, ma richiede anche un impegno verso l'innovazione, l'istruzione e la responsabilità. Ingegneri, ricercatori e politici devono lavorare in collaborazione per affrontare le sfide, perfezionare le tecnologie e garantire che i progressi nel campo della robotica siano utili al bene comune.

In conclusione, questo libro funge sia da risorsa che da ispirazione per professionisti, studenti e appassionati desiderosi di contribuire a questo campo di trasformazione.

Comprendendo e sfruttando i principi e le tecnologie discussi, i lettori hanno il potere di plasmare il futuro della robotica e della meccatronica, guidando il progresso

www.ingramcontent.com/pod-product-compliance
Lightning Source LLC
Chambersburg PA
CBHW050307230526
45471CB00005B/2069